U0771744

中华

优秀传统文化

Youxiu Chuantong Wenhua

主编：邹泽君　吴明渠

国际版·第五级

中国华侨出版社
·北京·

图书在版编目（CIP）数据

中华优秀传统文化：国际版.第五级/邹泽君，吴明渠主编.—北京：中国华侨出版社，2021.5

ISBN 978-7-5113-8236-8

Ⅰ.①中… Ⅱ.①邹… ②吴… Ⅲ.①中华文化—通俗读物 Ⅳ.①K203-49

中国版本图书馆CIP数据核字（2020）第121216号

●**中华优秀传统文化：国际版. 第五级**

主　　编 / 邹泽君　　吴明渠

责任编辑 / 高文喆　　桑梦娟

封面设计 / 张雪梅

经　　销 / 新华书店

开　　本 / 787 毫米×1092 毫米　　1/16　　印张/ 6.25　　字数/ 65 千字

印　　刷 / 北京天正元印务有限公司

版　　次 / 2021 年 5 月第 1 版　　2021 年 5 月第 1 次印刷

书　　号 / ISBN 978-7-5113-8236-8

定　　价 / 28.00 元

中国华侨出版社　　北京市朝阳区西坝河东里77号楼底商5号　　邮编：100028

法律顾问：陈鹰律师事务所

发 行 部：（010）64443051　　传　真：（010）64439708

网　　址：www.oveaschin.com　　E-mail：oveaschin@sina.com

如发现印装质量问题，影响阅读，请与印刷厂联系调换。

丛书编委会

顾　　问：罗晓辉　　陈来安（马来西亚）

主　　编：吴明渠

副 主 编：袁　文　　薛　涓　　杨　柳　　廖荣超　　吴天宇

本书编写组

主　　编：邹泽君　　吴明渠

副 主 编：彭忠国　　郑洪艳　　陈　莲　　魏　梅

编写人员：刘　菲　　闫国庆　　何　柳　　刘　骊　　晏朝勇　　刘　勇

　　　　　李　彬　　傅德智　　谢　敏　　宋智海　　周小莉　　刘　林

　　　　　晏　丽　　赵庆萌　　陈雨虹　　谭　焰　　程莎莎　　李欣烨

　　　　　程　燕　　徐彬汇　　温文勤　　刘宇杰

绘　　图：杨　奕　　柏思羽

前　言

中华文明是世界上最古老的文明之一，是人类历史上唯一一个绵延 5000 多年至今未曾中断的灿烂文明。为弘扬中华优秀传统文化，我们立足于海外读者的特殊情况和需要，精心选择内容、设计框架，编撰了"中华优秀传统文化·国际版"丛书，丛书具体有以下特点。

一、体系新颖，内容全面

整套丛书共六册。按难易程度划分为六个等级，一册书为一级。每册书又分为 16 章，每四章为一个主题。每章内容固定，包括"国学知识""美德故事""经典诵读""通关检测"四大版块。

1. 国学知识

了解是热爱的前提。我们在每一章给读者介绍一个或一类中华优秀传统文化的内容，具体包括中国风俗、风土、风景、风貌、物产、物品、人物、事件等。分为"神州大地""华夏名人""中华文明""九州风物"四个版块，包含了丰富有趣的传统文化知识，可以说是一个小小的中华优秀传统文化百科知识库。

2. 美德故事

中华传统美德是中华文化的重要内涵。中华文化中，尤其重视对人德行的培养。"德"是指意志品德，"行"是指言行举止。本套丛书中，我们从中华传统美德的内核中提炼出 24 个主题，每个主题分别安排四个有趣的故事，利用故事让读者潜移默化地感受和了解中华美德的魅力。

3. 经典诵读

在这个版块，我们选择适合海外读者诵读的、浅显且经典的诗文：第一级和第二级各有 16 首古诗。第三级为中国神话故事、寓言故事和历史典故。第四级为歇后语、谚语。第五级为《论语》名句积累，第六级为除《论语》以外的"四书五经"名句积累。这些内容将极大地丰富读者的中华文学经典积累。

4. 通关检测

通关检测则是对各章学习内容的一个检测，也是需要读者重点掌握的内容。

二、形式活泼多样，激发读者学习热情

1. 巧设评价，让学习有章可循

"通关检测"，设计了"猜一猜""填一填""连一连"等有趣的活动，对学过的知识进行复习回顾，实现迁移运用，把知识积累与能力培养相结合。

2. 增设故事、典故，增强阅读趣味性

故事，是大部分读者最喜欢的阅读形式，整套书有 100 多个有趣的小故事。大量的故事，增强了这套书的可读性、趣味性。

3. 抓住读者心理，设计温馨细节

这套书最大的一个亮点就是全书设计了 200 多个"剪贴板"，这些"剪贴板"既能对主体内容进行补充，又能更好地帮助读者理解内容。这些"剪贴板"形式多样，有提问，有方法，有总结，起到激发兴趣，促进学习的作用。

除了精美的插图，我们还温馨地设计了页码娃娃：单数页是男娃娃在左，双数页是女娃娃在右。契合了男单女双、男左女右的中华传统文化理念，活泼的形象更是受到孩子们的热烈欢迎。

此外，我们还在每册书最后增设了附录，补充了近300个各类传统文化知识，让学有余力的读者能获取更多的中华优秀传统文化知识，更加丰富读者的文化积淀。

中华优秀传统文化源远流长、博大精深，让中华文化走向世界舞台，促进世界多元文化交流互鉴，这是我们共同的心愿。

目　录

中华优秀传统文化：国际版·第五级

中华优秀传统文化·国际版·第五级

第一章

中华优秀传统文化·国际版·第五级

国 学 知 识

中国古代建筑艺术以汉族木结构建筑为主体，也包括各少数民族的优秀建筑，是世界上延续历史最长、分布地域最广、风格非常鲜明的一个独特的艺术体系。中国古代建筑对日本、朝鲜和越南的古代建筑有直接影响。

神州大地

黄鹤楼

　　黄鹤楼是中国四大名楼之一，位于中国武汉蛇山之上，濒临万里长江，是国家5A级旅游景区。黄鹤楼也是"江南三大名楼"之一，自古享有"天下江山第一楼"之称。黄鹤楼始建于223年，传说有神仙在此乘黄鹤而去，因而得名。楼高5层，总高度51.4米。黄鹤楼内部由72根圆柱支撑，外部有60个翘角向外伸展，屋面用10多万块黄色琉璃瓦覆盖构建而成。历代文人墨客在此留下了许多千古绝唱，其中尤以唐代诗人崔颢的《黄鹤楼》一诗最为著名，"晴川历历汉阳树，芳草萋萋鹦鹉洲"说的就是黄鹤楼周边的美景。

岳阳楼

　　岳阳楼矗立于中国湖南岳阳古城西门城墙之上，面临八百里洞庭，站在楼上可以俯瞰万里长江。岳阳楼也是"江南三大名楼"之一，气势雄伟，素有"洞庭天下水，岳阳天下楼"之美誉。岳阳楼历史悠久，始建于东汉末期，其纯木结构和奇异的建筑风格在现存古建筑中较为罕见。岳阳楼主楼高 19.42 米，进深 14.54 米，宽 17.42 米，为三层、四柱、飞檐、盔顶、纯木结构。楼中四根楠木金柱直贯楼顶。岳阳楼内保存的历代文物无数，有雕屏、诗文、对联、雕刻等。

　　北宋文学家范仲淹的一篇《岳阳楼记》，使岳阳楼美名远播四海，《岳阳楼记》里的名句"先天下之忧而忧，后天下之乐而乐"更是流传千古。

专注就是专心致志、全神贯注地做自己正在做的事情。专注是一种精神，更是一种态度。做事专注会使你受益终身。

学 弈

弈秋是古代的下棋高手，他教两个人下棋。一个学生专心致志地听讲。另一个学生呢，虽然表面上听着，但心里想着："如果有天鹅飞来，我将要拿起弓箭去射它。"就这样，即使两个学生都跟着弈秋学习，第二个学生的成绩却远远不如第一个专心的学生。难道是因为他不如别人聪明吗？当然不是这样的。

《学弈》出自《孟子·告子上》，告诉我们学习做事都应当专心致志，绝不可三心二意。

经典诵读

名句积累

《论语》是儒家的经典著作之一，由孔子的弟子及再传弟子编撰而成。它记录了孔子及其弟子的言行，内容涉及政治、教育、文学、哲学以及立身处世的道理等多方面。南宋时，朱熹将《大学》《论语》《孟子》《中庸》合为"四书"。

★子曰："学而时习之，不亦说乎？有朋自远方来，不亦乐乎？人不知而不愠，不亦君子乎？"

【译文】孔子说："学习并且时时温习，不也很愉快吗？远方来了朋友，不也很快乐吗？人家不了解我，我也不怨恨，这不正是君子吗？"

我们常说：学习使人快乐。这是因为通过时时实践实习，会感觉自己不断进步，成就感不断累积，自然会"不亦说乎"，情不自禁，高兴极了！

★子曰："巧言令色，鲜矣仁。"

【译文】孔子说："花言巧语、装出和颜悦色的人，很少有仁爱之心。"

中华优秀传统文化：国际版·第五级

1. 作为中国四大名楼之一的黄鹤楼位于哪里？（　　）

A. 北京　　　B. 重庆　　　C. 南京　　　D. 武汉

2. 和八百里洞庭湖相邻的是哪座名楼？（　　）

A. 黄鹤楼　　　B. 鹳雀楼　　　C. 岳阳楼　　　D. 滕王阁

3. 试着背一背这章的名句。

第二章

神州大地

鹳雀楼

鹳雀楼位于中国山西省永济市蒲州古城西向的黄河东岸，是黄河文化的标志之一。鹳雀楼始建于北周时期，因为那时常常有鹳雀在此栖息而得名。鹳雀楼楼体壮观，气势宏伟，并且周边风景秀丽，在唐宋时期就被誉为中州大地的登高胜地。鹳雀楼独立于中州，向前可见秀丽山峦，向下可见大河奔流，成为触发诗人灵感之地。唐代诗人王之涣写下《登鹳雀楼》："白日依山尽，黄河入海流。欲穷千里目，更上一层楼。"此诗虽然只有20字，却描绘了北国河山的磅礴气势和壮丽景象，气势磅礴，意境深远，千百年来一直激励着中华民族昂扬向上。

中国四大名楼中滕王阁、黄鹤楼、岳阳楼都和长江有关，只有鹳雀楼在黄河边上。

滕王阁

　　滕王阁位于中国江西省南昌市赣江东岸，是"江南三大名楼"之一。滕王阁依城临江，瑰伟奇丽，素有"西江第一楼"之美誉。滕王阁始建于唐初，是唐太宗之弟、滕王李元婴任洪州都督时兴建的，故以其封号命名。初唐诗人王勃在此留下千古名篇《滕王阁序》。其中"落霞与孤鹜齐飞，秋水共长天一色"一句像一幅壮美的山水画，将滕王阁的美展现得淋漓尽致。

中华优秀传统文化：国际版·第五级

　　滕王阁是中国古代储藏经史典籍的地方，从某种意义上说就是古代的图书馆。而封建士大夫们很多喜欢在此迎送和宴请宾客。据说明代开国皇帝朱元璋在鄱阳湖之战大胜陈友谅后，曾在滕王阁设宴席，命大臣、文人们赋诗填词，观看灯火。

美德故事

专注

推敲的故事

贾岛有一次在骑驴走路时想到两句诗："鸟宿池边树，僧敲月下门。"刚开始他想用"推"字，后来又想用"敲"字，决定不下来，便在驴背上吟诵，伸手做出推和敲的姿势来。

当时韩愈担任京兆尹，他正带车马出巡，贾岛因为想得太专注，不知不觉冲撞到韩愈的仪仗队，韩愈觉得奇怪，便问他原因。贾岛详细地回答了他在酝酿诗句的事。韩愈停下马车思考了很久，对贾岛说："用'敲'字好。"于是两人并排骑着马和驴回家，一同谈论作诗的方法，因此还结为好朋友。

中华优秀传统文化：国际版·第五级

后来，人们用"推敲"用来形容斟酌字句、反复琢磨、反复思考。《泊船瓜洲》中"春风又绿江南岸"中的"绿"，也是王安石冥思苦想，不断地推敲出来的哟！

★ 曾子曰："吾日三省吾身：为人谋而不忠乎？与朋友交而不信乎？传不习乎？"

【译文】曾子说："我每天多次反省我自己：为别人做事有没有尽力？与朋友交往有没有不真诚？老师传授给我的东西是不是复习了呢？"

★ 与朋友交，言而有信。

【译文】与朋友交往，说话有诚信。

从古至今，言而有信、言出必行，这是中国人始终坚守的道德准则。《论语》里孔子和他的弟子们都把"信"看作为人立世的重要关键点，讲求信义，相互信任，是人与人交往的"底线要求"。所以，《论语》里还说："人而无信，不知其可也""民无信不立"。

中华优秀传统文化·国际版·第五级

通关检测

1.素有"西江第一楼"之美誉的是下面哪座名楼？（   ）
A.黄鹤楼　　B.鹳雀楼　　　C.岳阳楼　　　D.滕王阁

2."白日依山尽，黄河入海流"描写的是哪座名楼的景色？（   ）
A.黄鹤楼　　　B.鹳雀楼　　　C.岳阳楼　　　D.滕王阁

3.试着背一背这章的名句。

第三章

中国是桥的故乡，自古就有"桥之国度"的美誉。千百年来，桥从一块石板、一节木头发展到大小不同、造型各异的桥梁，实现了实用性与艺术性的完美结合。

赵州桥

赵州桥，又名安济桥，是中国河北省石家庄市赵县境内一座跨洨河的石拱桥。该桥距今已有1400多年的历史，是当今世界上现存年代久远、跨度最大、保存最完善的单孔坦弧敞肩石拱桥。这座古老的桥是中国隋朝著名工匠李春设计建造。赵州桥上刻了许多龙，形态各异，刀法苍劲有力，艺术风格新颖豪放，显示了隋代浑厚、严整、俊逸的石雕风貌。

赵州桥因其建筑结构独特，设计合乎科学原理，桥体雄伟壮观，被世人誉为"天下第一桥"。

赵州桥的设计构思和工艺的精巧，不仅在中国古桥史上首屈一指，在世界古桥史上也是最先出现的。据世界桥梁考证，像这样的敞肩拱桥，欧洲到19世纪中期才出现，比中国晚了1200多年。

卢沟桥

　　卢沟桥，亦称芦沟桥，因横跨卢沟河（即永定河）而得名，是北京市现存最古老的石造联拱桥。意大利旅行家马可·波罗称赞卢沟桥："它是世界上最好的、独一无二的桥。"整个桥身是石体结构，关键部位均有银锭铁连接，是华北最长的古代石桥。古时候，每当黎明斜月西沉之时，明月倒映水中，更显明媚皎洁，所以"卢沟晓月"从金章宗年间就被列为"燕京八景"之一。桥东头立有乾隆皇帝亲笔题写的"卢沟晓月"石碑，桥身有石狮数百，形态各异，姿态万千。

中华优秀传统文化 · 国际版 · 第五级

　　有一句歇后语叫：卢沟桥的狮子——数不清。可见卢沟桥的狮子以多闻名。

悬梁读书

东汉时，有一个叫孙敬的年轻人，孜孜不倦勤奋好学。他从早到晚闭门读书，废寝忘食。有时候到了夜深人静时很容易打瞌睡，为了不影响学习，孙敬想出一个办法：古时候，男子的头发很长，他就找来一根绳子，一头儿绑着自己的头发，一头儿牢牢地绑在房梁上。当他读书疲劳时打盹了，头一低，绳子就会牵住头发，这样就会把头皮扯痛，马上就清醒了。清醒后他再继续读书学习。后来，孙敬成了赫赫有名的政治家。

中华优秀传统文化·国际版·第五级

战国时，有个名叫苏秦的人，每当读书到深夜时，很疲倦，常打盹。于是，他就在自己打盹的时候，用锥子往大腿上刺一下，疼痛让他一下子就精神了，孙敬和苏秦的故事感动了后人，人们用"悬梁刺股"来表示刻苦专注学习的精神。

★子曰："学而不思则罔，思而不学则殆。"

【译文】孔子说："只是学习而不思考，就会迷惘不解；只是思考而不学习，就会疑惑不定。"

孔子这句话告诉我们：一味读书而不思考，就会被书本牵着鼻子走，而迷惘不解。而如果一味思考却不去进行实实在在的学习和钻研，则终究是沙上建塔，一无所得。学习与思考是相辅相成的，缺一不可，只有把学习和思考结合起来，才能学到切实有用的真知。

★己欲立而立人，己欲达而达人。

【译文】自己想要在社会上自立，也使别人能在社会上自立；自己想要在社会上通达，也使别人也能在社会上通达。

这句话是儒家思想"仁"的具体体现，一个仁爱的人是能从眼前的实际事情去做，去达己达人。

1. 当今世界上现存最早、保存最完善的敞肩石拱桥
是?（　　）
A. 卢沟桥　　　B. 广济桥　　　C. 赵州桥　　　D. 玉带桥

2. 被意大利旅行家马可·波罗称赞是世界上最好的、独一
无二的桥的是下面哪一座?（　　）
A. 卢沟桥　　　B. 广济桥　　　C. 赵州桥　　　D. 玉带桥

3. 试着背一背这章的名句。

中华优秀传统文化：国际版·第五级

第四章

广济桥

广济桥位于中国广东省潮州市古城东门外，俗称湘子桥，以其"十八梭船廿四洲"的独特风格，被誉为世界上第一座启闭式桥梁。广济桥为浮梁结合结构，由东西二段石梁桥和中间一段由 18 只木船连接而成的浮桥组合而成，梁桥由桥墩、石梁和桥亭三部分组成，全长 518 米。该桥集梁桥、拱桥、浮桥于一体，是中国桥梁史上的唯一一例。桥墩上建有形式各异的 24 对亭台楼阁，兼作经商店铺，故有"一里长桥一里市"之美称。

中华优秀传统文化：国际版·第五级

传说，唐代韩愈来潮州后，为了沟通两岸，请他的侄孙韩湘子等八仙与潮州的广济和尚分东西两头斗法造桥。由于中途法力失效，致中间一段未能连接，由广济和尚用禅杖和八仙之中的何仙姑用莲花化作巨缆和 18 只梭船连接起来，因此分别称桥名为"湘子桥"和"广济桥"。

安平桥

安平桥是中国现存古代最长的海港大石桥，是古代桥梁建筑的杰作，位于中国福建省泉州市晋江安海镇与南安水头镇交界的海湾上，享有"天下无桥长此桥"之誉。因安海镇古称安平道而得名，又因桥长约5里，俗称五里桥。安平桥属于中国古代连梁式石板平桥，始建于南宋绍兴八年（1138年），历时14年告成，明清两代曾多次重修。该桥是中古时代世界上最长的梁式石桥，也是中国现存最长的海港大石桥。

现代中国最长的桥是丹昆特大铁路桥。这座桥位于京沪高铁江苏段，起自丹阳，途经常州、无锡、苏州，终到昆山，全长164.851千米，为目前吉尼斯世界纪录所记载的世界第一长桥。中国造桥技术不仅在千年以前领先世界，现在仍然世界领先。

美德故事

专注

董仲舒三年不窥园

一代儒学大师董仲舒，自幼天资聪颖，少年时酷爱学习，读起书来常常废寝忘食。其父董太公看在眼里急在心上，为了让孩子能歇歇，他决定在宅后修筑一个花园，让孩子能有机会到花园散散心、歇歇脑子。

第一年，小花园初步建成，园里阳光明媚、绿草如茵、鸟语花香、蜂飞蝶舞。姐姐多次邀请董仲舒到园中玩。他手捧竹简，只是摇头，继续看竹简，学孔子的《春秋》，背先生布置的《诗经》。

第二年，小花园建起了假山。邻居、亲戚的孩子纷纷爬到假山上玩。小伙伴叫他，他低着头一动不动，在竹简上刻写诗文，头都顾不上抬一抬。

第三年，后花园建成了。亲戚朋友携儿带女前来观看，都夸董家花园建得精致。父母叫仲舒去玩，他只是点点头，仍埋头学习。中秋节晚上，董仲舒全家在花园中边吃月饼边赏月，可就是不见董仲舒的踪影。原来董仲舒趁家人在赏月之机，又找先生研讨诗文去了。

这个故事出自《汉书·董仲舒传》，这个故事也叫"目不窥园"，原指汉代董仲舒专心治学，三年都无暇观赏花园中的景致。后用以比喻埋头钻研，不为外事分心。形容一个人专心致志，埋头苦读。

中华优秀传统文化：国际版·第五级

★ **如切如磋，如琢如磨。**

【译文】本义指如同象牙经切磋，如同美玉经琢磨。用以比喻君子的修养方法。

　　这本来是《诗经·卫风·淇奥》中的一句，此处被子贡引申来形容君子修养自身德行时应有的态度。孔子也将君子比作玉，我们现在也就有了"谦谦君子，温润如玉"的说法。

★ **子曰："不患人之不己知，患不知人也。"**

【译文】孔子说："不怕别人不了解我，怕的是我不了解别人。"

中华优秀传统文化·国际版·第五级

1. 世界上第一座启闭式桥梁是？（　　）

A. 卢沟桥 　　B. 广济桥 　　C. 赵州桥 　　D. 玉带桥

2. 中国现存最长的海港大石桥是下面哪一座？（　　）

A. 卢沟桥 　　B. 广济桥 　　C. 赵州桥 　　D. 安平桥

3. 试着背一背这章的名句。

中华优秀传统文化：国际版·第五级

第五章

国学知识

华夏名人

在中国悠悠五千年的历史长河中，涌现出无数的文化名人，他们各具魅力，让中华传统文学绽放出奇光异彩。

杜 甫

杜甫，字子美，自号少陵野老，唐代伟大的现实主义诗人，与李白合称"李杜"。

杜甫少年时代曾游历很多地方，35岁以后，先在长安应试，但落第，后来向皇帝献赋，向贵人投赠。杜甫官场颇不得志，目睹了唐朝上层社会的奢靡与社会危机。后来安史之乱爆发，潼关失守，他先后辗转多地，最后进入四川，虽然躲避了战乱，生活相对安定，但仍然心系苍生，胸怀国事。杜甫创作了《登高》《春望》《北征》以及"三吏""三别"等名作。

唐大历五年（770年）冬，杜甫病逝，时年59岁。杜甫在中国古典诗歌中的影响非常深远，被后人称为"诗圣"，他的诗被称为"诗史"。

杜甫的《绝句》："两个黄鹂鸣翠柳，一行白鹭上青天。窗含西岭千秋雪，门泊东吴万里船。"四句话分别代表四道菜哦，你可知道是哪四道菜？可以找这个故事来读一读，很有趣的！

中华优秀传统文化·国际版·第五级

21

坚持的意思是不改变、不动摇，始终如一。坚持是意志力的完美表现，也是有毅力的一种表现。只要坚持，你总会成功！

万事开头难

古时有一个商人从事一项大宗买卖，刚刚起步就遇到了困难，想抽身而退，又觉得损失会更加惨重，心里十分纠结，于是去拜访一位智者。

智者让商人先陪自己捉鱼，商人答应了。智者徒手拿着鱼篓在水中猛一阵倒腾，却只网到了几只小虾，他附近的鱼受到惊吓，四散而逃。商人也不轻松，费了九牛二虎之力才捉到一条半大的小鱼。他们看看彼此的"劳动成果"，不由大笑。智者让商人把他们收获的小鱼小虾做成饵料重新投入河中，不一会儿，大量的鱼闻着腥味赶来聚餐，商人再用叉子去叉，很快就收获满满。智者说："做任何事情，最前面的阶段总是艰难的。只有坚持到最后，你才会知道有一个怎样的结果。"

商人听后，顿时明白了。万事开头难，但只要开了头，懂得坚持，就可能得到令人满意的结果。

中华优秀传统文化·国际版·第五级

★ **信近于义，言可复也。**

【译文】所定的信约要符合道义，这才是能够履行的。

如果发现当初的约定不符合道义，那么这样的约定不遵守也罢。所以我们在对别人许诺之前一定要想一想这样的约定是否符合道义，是否能够履行。

★ **子曰："君子食无求饱，居无求安，敏于事而慎于言，就有道而正焉，可谓好学也已。"**

【译文】孔子说："君子饮食不追求饱足，居住不追求安逸，做事勤快、言谈谨慎，能到有道的人那里辨正是非，这样可以说是好学的了。"

《论语》中对君子的要求很高，孔子提出："君子有三戒""君子有三恕""君子有三思"。"三戒"是指年少时要戒除对欲望的迷恋；成年时不要争强好胜；老年时要戒除贪得无厌。"三恕"是指以仁爱之心待人，用自己的心推想别人的心。"三思"则强调考虑问题要周全。

中华优秀传统文化·国际版·第五级

通关检测

1.被称为"诗圣"的是中国哪一位诗人?(   )
A.屈原　　　B.李白　　　C.杜甫　　　D.王维

2.和杜甫合称"李杜"的是下面哪一位诗人?(   )
A.李商隐　　　B.李白　　　C.李光远　　　D.李耳

3.试着背一背这章的名句。

第六章

白居易

白居易，字乐天，号香山居士，又号醉吟先生，是唐代伟大的现实主义诗人，唐代三大诗人之一，有"诗魔"和"诗王"之称。代表诗作有《长恨歌》《卖炭翁》《琵琶行》等。白居易的诗歌浅显易懂，据说他写完诗后会读给一位目不识丁的老太太听，如果她能听懂，说明这诗大家都能听懂了。白居易喜欢醉着吟诗，自称"醉吟先生"，他不仅喜欢喝酒，还喜欢酿酒呢！刘禹锡是白居易的酒友、诗友、知己，每当好酒新酿时，他便邀请刘禹锡共饮。他在《赠梦得》一诗中深情地写道："当歌聊自放，对酒交相劝。为我尽一杯，与君发三愿。一愿世清平，二愿身强健。三愿临老头，数与君相见。"

白居易的一首诗《问刘十九》这也是一首邀请朋友喝酒的诗："绿蚁新醅酒，红泥小火炉。晚来天欲雪，能饮一杯无。"邀请人喝酒都能写得这么诗意浪漫，真是羡慕古代文人们的生活情调。

王羲之练字

　　王羲之是我国著名的书法家，被后人尊称为"书圣"。王羲之小时候练字十分刻苦，不论刮风下雨，每天从不中断。据说他练字用坏的毛笔，堆在一起成了一座小山，人们叫它"笔山"。他家旁边有一个小水池，每次练完字，他都要在这水池里洗毛笔和砚台，后来小水池的水慢慢变黑，人们就把这个小水池叫作"墨池"。

　　正是因为王羲之坚持练习书法，做到持之以恒，所以他才会有后来的成就啊！

　　荀子《劝学》里面有段话：骐骥一跃，不能十步；驽马十驾，功在不舍。锲而舍之，朽木不折；锲而不舍，金石可镂。这段话的意思是：骏马奋力一跃，也不足十步远；劣马拉车走十天，也能走得很远，它的成功就在于不停地走。如果刻几下就停下来了，那么腐烂的木头也刻不断。如果不停地刻下去，那么金石也能雕刻成功。

★子曰："知之者不如好之者，好之者不如乐之者。"

【译文】孔子说："（对任何学问和事业）懂得它的人不如喜爱它的人，喜爱它的人不如以它为乐的人。"

　　孔子这句话为我们揭示了取得好的学习效果的秘诀，那就是对学习的热爱。对学习知识感兴趣，就会变被动为主动，以学习为乐事，在快乐中学习，既能提高学习的效率，还能够加深对知识的理解，这样才能够灵活地运用学到的知识。

★子曰："知者乐水，仁者乐山。知者动，仁者静。知者乐，仁者寿。"

【译文】孔子说："聪明智慧的人喜爱水，有仁德的人喜爱山。聪明智慧的人活跃好动，有仁德的人沉静稳重。聪明智慧的人快乐，有仁德的人长寿。"

中华优秀传统文化：国际版·第五级

通关检测

1. 下面哪位不属于唐代三大诗人之一？（　　）
A. 李白　　　B. 杜甫　　　C. 白居易　　　D. 李商隐

2. 写完诗后会读给一位目不识丁的老太太听的是下面哪一位？（　　）
A. 李白　　　B. 杜甫　　　C. 白居易　　　D. 李商隐

3. 试着背一背这章的名句。

中华优秀传统文化·国际版·第五级

第七章

华夏名人

韩　愈

　　韩愈，字退之，唐代的大文学家。传说他被贬到潮州做刺史时，当时潮州有一条江，江中有很多吃人的鳄鱼，成为当地一害，许多过江的人都被鳄鱼吃了。一天，又有一个百姓遇害了。韩愈忧心忡忡：鳄鱼不除，必定后患无穷。于是，他下令准备祭品，决定亲自去江边设坛祭鳄。韩愈摆好祭品后，对着江水大声喊道："鳄鱼！鳄鱼！韩某来这里做官，为的是能造福一方百姓。你们却在这里兴风作浪，现在限你们在三天之内，带同族类出海，时间可以宽限到五天，甚至七天。如果七天还不走，绝对严处！"

　　从此，潮州再也没有发生过鳄鱼吃人的事情。人们把韩愈祭鳄鱼的地方称为"韩埔"，渡口称为"韩渡"，这条大江被称为"韩江"，而江对面的山则被称为"韩山"。

中华优秀传统文化·国际版·第五级

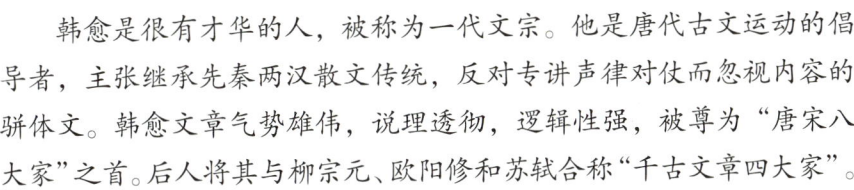

　　韩愈是很有才华的人，被称为一代文宗。他是唐代古文运动的倡导者，主张继承先秦两汉散文传统，反对专讲声律对仗而忽视内容的骈体文。韩愈文章气势雄伟，说理透彻，逻辑性强，被尊为"唐宋八大家"之首。后人将其与柳宗元、欧阳修和苏轼合称"千古文章四大家"。

铁杵磨成针

传说唐代大诗人李白，从小很贪玩。他的父亲为了让他成才，就送他到学堂读书，但那些经史、诸子百家的书很不好学，李白学起来很困难，所以更不愿意学。

有一天，李白没有上学，跑到小河边去玩。忽然，他看见一位白发苍苍的老婆婆蹲在小河边的一块磨石旁，一下下地磨着一根铁棒。他好奇地问："老婆婆，你在干什么？""我在磨针。"老婆婆没有抬头，一边磨一边回答。"磨针！用这么粗的铁棒磨成细细的绣花针，什么时候才能磨成？"李白脱口而出。老婆婆亲切地回答道："孩子，铁棒虽粗，可挡不住我天天磨，水滴能石穿，难道铁杵就不能磨成针吗？"

李白听了老婆婆的话，受益匪浅。心想："是呀，天天做，坚持做，什么事都能做好。"从此以后，李白勤学苦练，最后成为一名伟大的诗人。

名句积累

★ 子曰："诗三百，一言以蔽之，曰：'思无邪。'"

【译文】孔子说："《诗经》三百篇，用一句话概括它，可以说是：'思想纯正无邪。'"

《诗经》共有305首，这里只是举其整数。《论语》里对《诗经》评论的语句很多，如"《关雎》乐而不淫，哀而不伤""子谓《韶》，'尽美矣，又尽善也'"。

★ 子曰："吾十有五而志于学，三十而立，四十而不惑，五十而知天命，六十而耳顺，七十而从心所欲，不逾矩。"

【译文】孔子说："我十五岁立志于学习，三十岁能立身于世，四十岁遇事不困惑，五十岁懂得了什么是天命，六十岁对听到的一切都深明其义，七十岁可随心所欲，想怎么做就怎么做，也不会违反规矩。"

中华优秀传统文化·国际版·第五级

通关检测

1.下面哪一位不属于"千古文章四大家"？（　　）

A.韩愈　　　B.柳宗元　　　C.欧阳修　　　D.苏洵

2.传说曾经帮助百姓驱逐鳄鱼的是下面哪一位？（　　）

A.韩愈　　　B.柳宗元　　　C.欧阳修　　　D.苏洵

3.试着背一背这章的名句。

中华优秀传统文化：国际版·第五级

第八章

国学知识
华夏名人

苏 轼

　　苏轼，字子瞻、和仲，号铁冠道人、东坡居士，世称苏东坡，眉州眉山（今四川省眉山市）人。北宋著名文学家、书法家、画家、美食家，历史治水名人。苏轼是北宋中期文坛领袖，在诗、词、散文、书、画等方面取得很高成就。其诗题材广阔，清新豪健，善用夸张比喻，独具风格，与黄庭坚并称"苏黄"；其词开豪放一派，与辛弃疾同是豪放派代表，并称"苏辛"；散文著述宏富，豪放自如，与欧阳修并称"欧苏"，为"唐宋八大家"之一。苏轼善书，是"宋四家"之一；擅长文人画，尤擅墨竹、怪石、枯木等。苏轼生性放达，为人率真，深得道家风范，好交友，好美食，创造了许多饮食精品，好品茗，亦雅好游山林。

中华优秀传统文化·国际版·第五级

　　苏轼不但在诗文、书法方面造诣很高，而且在烹调菜肴方面也很有研究，堪称中国古代美食家。苏轼尤其擅长制作红烧肉，相传他曾在徐州、黄州、杭州三个地方做过"东坡肉"。

美德故事

坚持

持之以恒

　　宋元时期，有个叫陶宗仪的人，从小就坚持读书，即使在种田的间隙，他也坚持看书。田里没有纸，每当想起什么、看到什么、听到什么，他就立即摘取树叶记录，回家以后储存在罐子里，等存满了就埋在树下。就这样日复一日，年复一年，十年中竟积攒下十几罐树叶。有人问他："你为什么这样做？"他说："学习就应该持之以恒。"

　　后来他将瓦罐打开，取出积累的树叶，重新进行整理修改，最后写成了长达30卷的《辍耕录》。

　　《辍耕录》记录了宋元时期的政治、经济、文化等各方面的风貌，成为后人研究宋元时期的重要历史资料。

中华优秀传统文化·国际版·第五级

★子曰："温故而知新，可以为师矣。"

【译文】孔子说："在温习已经学过的知识时，能有新体会、新发现，这样就可以做老师了。"

★子曰："君子周而不比，小人比而不周。"

【译文】孔子说："君子团结而不相互勾结，小人拉帮结派而不团结。"

《论语》中孔子主要讲了两类人，他常把"君子"与"小人"进行比较，指出他们的根本区别。比如："君子喻于义，小人喻于利""君子坦荡荡，小人长戚戚""君子成人之美，不成人之恶。小人反是"这些句子都是在谈论"君子"与"小人"的区别。孔子还认为"君子有九思：视思明，听思聪，色思温，貌思恭，言思忠，事思敬，疑思问，忿思难，见得思义"。

1. 下面哪一个是北宋著名文豪苏轼的号？（　　）

A. 六一居士　　　B. 易安居士

C. 东坡居士　　　D. 青莲居士

2. （　　）是豪放派词人的代表。

A. 柳永　　　B. 李清照　　　C. 苏东坡　　　D. 欧阳修

3. 试着背一背这章的名句。

第九章

国学知识

中华文明

中国是一个礼乐之邦，音乐文明源远流长。数千年的音乐文化陶醉了一代代中国人。当古典音乐流泻而出的一刹那，你可以清楚地感受到，在空气中流动的是高山、是流水、是春风、是冬雪，是千古的生命，是那份说不出、道不尽的感动。

古　琴

古琴是中国传统拨弦乐器，琴面从外向内由粗及细缚弦七根。古琴一般长约三尺六寸五，象征一年三百六十五天；面圆底扁，象征天地；琴身与凤身相对应有头、颈、肩、腰、尾、足。关于古琴有一个传说，相传当年伏羲在西山桐林中见一凤一凰栖于梧桐树上。羲皇想梧桐一定是神灵之木吧，不然凤凰这种神鸟怎么会栖身于梧桐树上呢？于是他决定把梧桐制成乐器。伏羲便将梧桐中段浸于水中，历七十二昼夜，才将桐木取出，制作成了古琴。

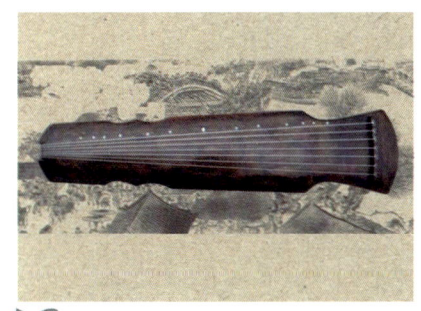

《听琴图》　宋徽宗

古时著名的琴人有师旷、列子、伯牙、雍门周、孔子等。古琴名曲有《广陵散》《高山流水》《胡笳十八拍》等。中国古代还有"四大名琴"之说，分别是齐桓公的"号钟"、楚庄王的"绕梁"、司马相如的"绿绮"和蔡邕的"焦尾"。司马相如当初就是用四大名琴之一的"绿绮"弹奏《凤求凰》打动了卓文君呢！

中华优秀传统文化·国际版·第五级

美德故事

怜悯

当你看见那些遭受痛苦或者不幸的人时，你是否会产生同情心呢？这种情感就叫作**怜悯**，怜悯也是一种可贵的美德！但是怜悯有时也要注重方式方法。

以羊易牛

战国时期，有一天，梁惠王坐在庙堂上，看见有人牵着一头牛从堂下走过。梁惠王问道："你们将牛牵到哪里去？"牵牛的人回答说："将要杀了它，用它的血涂钟。"梁惠王说："放掉它吧！我不忍心看它那恐惧可怜的样子，像这样没有罪就被杀死，太可怜了。"牵牛人回答说："那么就不用涂钟了吧？"梁惠王说："怎么能不涂钟呢？用羊去替代牛吧。"

有人认为以羊易牛去涂新钟是一种怜悯；也有人认为羊和牛一样无辜，怎么能因可怜牛而牺牲羊呢？你怎么看待"以羊易牛"？你觉得什么才是真正的怜悯？

中华优秀传统文化：国际版·第五级

经典诵读

名句积累

★ 知之为知之，不知为不知，是知也。

【译文】知道就是知道，不知道就是不知道，这种态度才是明智的。

　　这是孔子广为流传的一句名言，被用来提醒人们用诚实的态度对待知识学问，来不得半点虚伪和骄傲。要养成踏实认真的学习态度、实事求是的作风，避免鲁莽虚荣的学问风气。

★ 是可忍也，孰不可忍也？

【译文】这样的事他都忍心去做，还有什么事会不忍心做呢？

　　"是可忍，孰不可忍"这个成语就出自这句话，形容不可容忍到了极点，意思是绝不能容忍。

1. 中国传统乐器古琴属于哪种乐器？（ ）

A. 弦乐器　　B. 打击乐器　　C. 吹管乐器　　D. 西洋乐器

2. 传说中，古琴是谁最早制作的？（ ）

A. 伏羲　　B. 颛顼　　C. 神农　　D. 玉带桥

3. 试着背一背这章的名句。

第十章

国学知识

中华文明

古　筝

　　古筝又称汉筝、秦筝，是中国古老的传统弹拨乐器。因为流传至今已有2000多年的历史，所以又被称为"古筝"。古筝音域宽广，音色清亮，表现力丰富，一直深受大众喜爱。山东菏泽地区的古筝民间音乐甚为流行，被人们誉为"筝琴之乡"。古筝常用于独奏、重奏、器乐合奏和歌舞、戏曲、曲艺的伴奏，因音域宽广，音色优美动听，被称为"众乐之王"，也称为"东方钢琴"。

　　古筝在汉、晋以前设十二弦，后增至十三弦、十五弦、十六弦及二十一弦。古筝名曲有：《渔舟唱晚》《高山流水》《寒鸦戏水》《汉宫秋月》《蕉窗夜雨》等。

中华优秀传统文化：国际版·第五级

　　古筝古琴都是弹拨乐器，它们的区别一：弦数不同，古琴又称"七弦琴"，有七根弦，而古筝往往都有十三根以上。所以，古筝在外形上比古琴大了不少。区别二：产生的年代不同，古琴在尧舜时期就已经出现，距今有4000多年历史。而古筝出现在春秋战国时期，距今有2000多年的历史。区别三：古琴的音量较小，音区低沉，音色明净浑厚，风格古朴。而古筝音域宽广，音色清亮。

廉者不受嗟来之食

春秋时期，有一年齐国发生了严重的饥荒，庄稼颗粒无收，有许多人到外面去逃荒要饭。有个叫黔敖的财主，家里囤积了许多粮食。他为了得到一个好名声，就熬了些稀粥，施舍给那些路过的饥民。饥民们一个个都饿得受不了了，见黔敖施舍稀粥，都对他千恩万谢。黔敖心中也很得意，觉得自己简直就是这些人的救命恩人。

正在他得意的时候，又有一个饥民走了过来，一看就知道，此人肯定是好几天没有吃过东西了。黔敖就用勺子敲着锅沿，对那个人叫道："喂，快过来吃啊！"（嗟，来食！）语气中充满了居高临下的得意。没想到，那个饿汉对锅里的稀粥看都不看一眼，扬起脸注视着黔敖，说："我就是因为不吃'嗟来之食'才饿到这般地步的。"尽管后来黔敖向他道歉，但那人仍然坚决不吃，最终那人饿死于街头。

人们经常用"不食嗟来之食"这个成语来形容人有气节，有自尊，它的意思跟"不为五斗米折腰"类似。

我们在帮助别人时，要设身处地地站在对方的立场上去考虑，不要好心办了坏事情。

★ 子曰："《关雎》乐而不淫，哀而不伤。"

【译文】孔子说："《诗经》中的《关雎》这首诗快乐而不过分，忧哀却不悲伤。"

★ 子曰："朝闻道，夕死可矣。"

【译文】孔子说："早上若知晓了真理，叫我晚上死去，也是值得的。"

这一句可以说道出了孔子一生学道那种坚定的志向。他认为：在一个国家里，如果一个人早上能达成一直坚持的理想，实施了自己的政治主张（仁政），那么他就算晚上死去那也是值得的。

通关检测

1. 有"东方钢琴"美誉的是下面哪种乐器？（　　）

A. 古琴　　　B. 古筝　　　C. 埙　　　D. 竹笛

2. 下面哪一项不是古筝名曲？（　　）

A. 《渔舟唱晚》　　　B. 《高山流水》

C. 《寒鸦戏水》　　　D. 《霸王卸甲》

3. 试着背一背这章的名句。

中华优秀传统文化 · 国际版 · 第五级

第十一章

国学知识

中华文明

琵 琶

琵琶，音域广，演奏技巧为民族器乐之首，表现力更是民乐中最为丰富的乐器，又是拨弦类弦鸣乐器，所以被称为"弹拨乐器之王"。白居易在《琵琶行》一诗中，用"大弦嘈嘈如急雨，小弦切切如私语。嘈嘈切切错杂弹，大珠小珠落玉盘"来形容琵琶的音色。所以琵琶"弹拨乐器之王"的称号是当之无愧的！

琵琶名曲有《十面埋伏》《阳春白雪》《霸王卸甲》《昭君出塞》等。

反弹琵琶图

《十面埋伏》是一首中国琵琶名曲，同时也是中国十大古曲之一。它讲述了公元前202年，刘邦与项羽争夺天下，项羽军队退至垓下，中了韩信的"十面埋伏"。垓下之战，杀声震天，两军拼搏，你死我活。因此《十面埋伏》的演奏乐曲激烈，震撼人心。

中华优秀传统文化：国际版·第五级

美德故事

怜悯

东郭先生和狼

一天，东郭先生赶着一头毛驴，背着一口袋书，到一个叫"中山国"的地方去谋求官职。一只狼突然窜到他的面前，哀求说："先生，我现在正被一位猎人追赶，求求您把我藏在您的口袋里，将来我会好好报答您的。"

不一会儿，猎人追了上来，发现狼不见了，就问东郭先生："你看见一只狼没有？它往哪里跑了？"东郭先生说："我没有看见狼，狼也许从别的路上逃走了。"

猎人朝别的方向追去了，东郭先生把狼放了出来。不料，狼对东郭先生说："现在我饿极了，你就再做一次好事，让我吃掉你吧。"说着，狼就张牙舞爪地扑向东郭先生。

这时，一位农民扛着锄头路过，东郭先生急忙拉住他，请农民评理。可是狼却一口否定东郭先生救过它的命。

老农说，他不相信口袋能装下一只狼，于是让东郭先生和狼再演示一下，于是东郭先生把狼重新装进袋子。农民立即把口袋扎紧，不让狼出来。

老农对东郭先生说："你对狼讲仁慈，简直太糊涂了。"说罢，抡起锄头，把狼打死了。东郭先生恍然大悟，拜谢了老农。

《东郭先生和狼》是中国古代的一则寓言故事，出自明代马中锡《东田文集》中的《中山狼传》。这个故事告诉我们，怜悯帮助他人，也要分清对象。

中华优秀传统文化：国际版·第五级

★子曰："士志于道，而耻恶衣恶食者，未足与议也。"

【译文】孔子说："读书人有志于追求真理，但又以穿旧衣、吃劣食为耻的人，是不值得与他谈论真理的。"

★子曰："君子喻于义，小人喻于利。"

【译文】孔子说："道德水平很高的君子懂得的是道义，更多的普通人看得到的是利益。"

这句话中的"喻"字，有"领悟""明白"的意思；"小人"的含义也与今天有所不同。若要让一位"君子"去做某件事，应当让他明白这件事的伟大和正义；若是面对一个世俗的普通人，就可以让他明白这样做是有利的。

通关检测

1. "大珠小珠落玉盘"形容的是下面哪种乐器的弹奏声？（　　）

A.古琴　　B.古筝　　C.琵琶　　D.竹笛

2. 下面哪一项是琵琶名曲？（　　）

A.《渔舟唱晚》　　B.《高山流水》

C.《寒鸦戏水》　　D.《霸王卸甲》

3. 试着背一背这章的名句。

第十二章

二　胡

　　二胡是中国传统拉弦乐器，至今已有1000多年的历史。它以前叫胡琴，到了近代才更名为二胡。半个多世纪以来，二胡演奏水平已进入兴盛时期。刘天华先生是现代派的始祖，他借鉴了西方乐器的演奏手法和技巧，大胆、科学地将二胡定位为五个把位，从而扩充了二胡的音域范围，丰富了表现力，确立了新的艺术内涵。著名的二胡曲有《二泉映月》《赛马》《良宵》《流波曲》等。

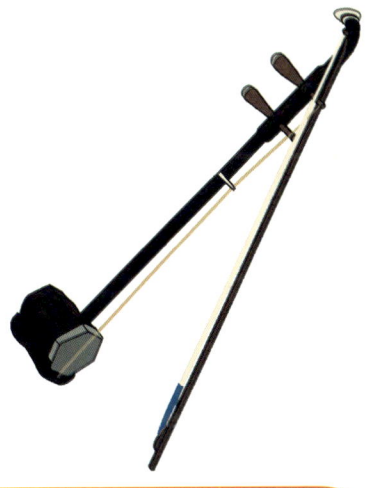

　　《二泉映月》的创作者是阿炳。阿炳原名华彦钧，从小对音乐非常喜爱。年过而立之后，他的生活急转直下，双目相继失明，再到后来便流落街头卖艺，生活十分贫困。底层的生活让他历尽了人世的艰辛，饱尝了辛酸屈辱。他把自己对痛苦生活的感受通过音乐反映出来，产生了著名二胡曲《二泉映月》。倾听《二泉映月》仿佛能感同身受那份凄凉，回味悠长。

义鹊怜孤

很久以前，在大慈山的南面有一棵大树，两只喜鹊分别在上面安了家，后来两只喜鹊又各自生下了小喜鹊，两个家庭热热闹闹，日子过得又温馨又红火。

过了不久，不幸的事情发生了。一位喜鹊妈妈在出外寻食时被老鹰叼走了，再也回不来了。它那两个可怜的孩子没有了妈妈，一天一夜没吃东西，一直哭呀哭呀。

这时，邻居家的喜鹊妈妈飞了过来，对这两只可怜的小喜鹊说："孩子们，别哭了！此后我就是你们的妈妈，你们就是我的孩子！走，到我们家住吧！"然后，喜鹊妈妈把这两只小喜鹊带到了自己的巢里，还叮嘱自己的孩子，要好好和这两只小喜鹊相处、玩耍。此刻，它们的家固然有些挤，但是大家相亲相爱，过得也很愉快。

中华优秀传统文化·国际版·第五级

喜鹊只是一种鸟类，却能如同人类一样去同情、爱惜弱者，而我们作为人，更应如此！

★ 子曰："见贤思齐焉，见不贤而内自省也。"

【译文】孔子说："见到贤人，就应该想到要向他看齐；见到不贤的人，就应该反省自己做得怎么样。"

关于这句话，我们也可以这样理解：几个人在一起，其中必有一人是可以学习的能者，选择他的长处学习，也要与他的短处对比。取别人之长补自己之短，同时又以别人的过失为鉴，不重蹈别人的覆辙。

★ 子曰："以约失之者鲜矣。"

【译文】孔子说："经常能约束自己的人，犯错误的时候就少了。"

1. 下面哪一位是现代派二胡演奏的始祖？（　　）

A. 刘天华　　　B. 华彦钧　　　C. 聂耳　　　D. 冼星海

2. 下面哪一项是二胡名曲？（　　）

A.《渔舟唱晚》　　　B.《高山流水》

C.《二泉映月》　　　D.《霸王卸甲》

3. 试着背一背这章的名句。

第十三章

国学知识

九州风物

中国地大物博，一方水土出产一方特产。这些地方特产都是当地地域文化、自然环境等最突出的体现。

中华优秀传统文化·国际版·第五级

虫　草

虫草也叫冬虫夏草，别称冬虫草，是冬虫夏草菌侵入蝙蝠蛾科昆虫幼虫生长形成，形状特别像蚕。冬虫夏草在中国主要产于青海、西藏、四川、云南、甘肃等省区的高寒地带和雪山草原。其中，西藏虫草品质最高。在西藏种类繁多的虫草中，西藏那曲虫草连续数年蝉联虫草冠军宝座。因为那曲虫草生长在西藏海拔4500—6000米以上的草原上，在这样的地理环境中生长的虫草个儿大、生理特性强、药用价值高，在海内外享有盛誉，被誉为全世界品质最高的冬虫夏草。

凤 梨

凤梨虽然和菠萝有点像，可凤梨是凤梨，菠萝是菠萝！凤梨削皮以后，没有菠萝上面的孔，它果面比较细致光滑，果肉呈深黄色，甜度高，吃起来爽口芳香，口感与菠萝相比更胜一筹。说到凤梨，中国台湾的凤梨特别有名。台湾凤梨，又称无眼菠萝，是台湾三大名果之一。

台湾的凤梨有比较久远的历史，最早始于清康熙末年，由大陆南方引进，迄今已有 300 多年的历史。最常见的凤梨有金钻凤梨和果肉如牛奶般的牛奶凤梨。其中，金钻凤梨全年都有，牛奶凤梨产量很少，只有在夏季少量出产。

凤梨的营养价值很高，它含有的"凤梨朊酶"能分解蛋白质，适当食用对肾炎、高血压病患者也有益。

中华优秀传统文化：国际版·第五级

感恩就是对别人所给的帮助表示感激，是对他人帮助的回报。我们应该心中常存感激，心路才能越走越宽。

美德故事

感恩

一饭之恩

韩信少年时父母双亡，家中贫寒。迫不得已，他只好到别人家吃"白食"，为此常遭别人冷眼。韩信咽不下这口气，就来到淮水边钓鱼，用鱼换饭吃，经常饥一顿饱一顿。淮水边上有个为人家洗衣的老妇人，人称漂母。她见韩信可怜，就把自己的饭菜分给他吃。韩信深受感动，便对她说，将来必定要重重地报答她。后来，韩信被封为淮阴侯，他没忘漂母的恩情，派人四处寻找漂母，最后以千金相赠。

中国有句古语：滴水之恩，当涌泉相报。对于帮助过我们的人，我们要学会感恩和回报。

经典诵读

名句积累

★ 子曰："德不孤，必有邻。"

【译文】孔子说："有道德的人是不会孤单的，必然会有与他亲近的人。"

★ 朽木不可雕也，粪土之墙不可杇也。

【译文】腐朽的木头无法再雕琢，粪土般的墙壁不能再粉刷了。

　　朽木不可雕，常常用来形容某人不可救药。孔子的学生宰予大白天睡觉，孔子斥责他"朽木不可雕也，粪土之墙不可杇也"。

　　读遍《论语》，这是温文尔雅的孔圣人最动肝火的一次震怒。其实孔子并不完全是因为宰予上课的时候睡着了而生气，真正让孔子生气的是宰予这个人言而无信。

1.细菌侵入蝙蝠蛾科昆虫幼虫生长形成的中药材是？（　　）

A.灵芝　　　B.当归　　　C.虫草　　　D.人参

2.台湾凤梨，又称什么？（　　　）

A.无眼菠萝　　　B.花菠萝　　　C.菠萝蜜　　　D.玉菠萝

3.试着背一背这章的名句。

中华优秀传统文化·国际版·第五级

第十四章

国学知识

九州风物

云南白药

云南白药是云南著名的中成药，由名贵药材制成。说到功效，它可以化瘀止血、活血止痛、解毒消肿等。云南白药由云南民间医生曲焕章于清光绪二十八年（1902年）研制成功，原名"曲焕章百宝丹"。曲焕章是云南江川一带有名的伤科医生，他游历滇南名山，求教当地的民族医生，研究当地的草药，苦心钻研，历经十载，才研制出"百宝丹"，也就是"云南白药"。云南白药问世100多年来，被誉为"中华瑰宝，伤科圣药"。

另外，云南白药的配方和制法从不外传，是绝密级中药制剂哦！后来，曲焕章的后人把"云南白药"的配方无偿捐赠给了中国政府。

中华优秀传统文化：国际版·第五级

吉林人参

　　人参是特别名贵的药材，从远古即被发现，中国是世界主要的人参生产国。吉林长白山脉人参的出现距今已有 1700 多年，以其形美、味微苦且甘等良好品质，被誉为人参中的珍品。人参有"补五脏、安精神，明目益智，久服轻身延年"的神奇功效，被誉为百草之王，稀世珍宝，民间称人参为长白山上三宝之首。吉林长白山区人参文化源远流长，北宋时期大文学家苏东坡称人参为仙药，并把人参写进诗里，得以流传。特别有趣的是，古时候民间称人参为"棒槌"。

　　"长白山三宝"有新旧两种说法，旧三宝：人参、貂皮、乌拉草，新三宝：人参、貂皮、鹿茸。

彩衣养亲

　　唐朝有个姓杨的人，家贫如洗，但十分孝顺，靠讨饭养其父母，故人们叫他杨乞。他所讨的食物，都带回家中侍奉双亲。父母没有尝过，他即使饥饿也不敢先吃，如有酒时，就跪下捧给父母，等父母接过杯子后，他便站起来唱歌、跳舞，就像小孩子一样，使父母快乐。有人怜悯他穷困，劝他给人家打工，用所得收入赡养双亲。杨乞答道："父母年迈，若替别人打工，离家太远，就不能及时侍奉他们。"听到这话的人无不觉得他真是个孝子。后来父母去世了，他又乞讨棺木安葬。每逢初一、十五，就拿着食物去墓前哭祭。

　　羊有跪乳之恩，鸦有反哺之义。意思是：羊羔有跪下接受母乳的感恩举动，小乌鸦有衔食喂母鸦之情义。我们从呱呱落地到现在，父母付出了多少心血和精力，我们也应该更加感恩和孝顺父母。

中华优秀传统文化·国际版·第五级

经典诵读

名句积累

★ **听其言而观其行。**

【译文】听了一个人说的话，还要考察他的行为。

★ **敏而好学，不耻下问。**

【译文】聪敏又好学，向地位比自己低，学问比自己差的人请教，也不觉得没面子。

孔子曾说过："三人行，必有我师焉。"任何人都有值得我们学习的地方，所以遇到不会或不懂的问题，就要多问。也许这个人地位、学问可能不如你，但只要能帮助你解决疑难，那就是你的老师，不要觉得可耻。

中华优秀传统文化·国际版·第五级

通关检测

1. 被誉为"中华瑰宝，伤科圣药"的是（　　）。
A. 云南白药　　B. 东阿阿胶片
C. 天山雪莲　　D. 龟苓膏

2. 有"百草之王"美誉的是下面哪一种药材？（　　）
A. 灵芝　　B. 人参　　C. 黄芪　　D. 当归

3. 试着背一背这章的名句。

第十五章

国学知识

九州风物

武汉鸭脖

中国武汉的鸭脖可是闻名天下。武汉鸭脖，又名酱鸭脖或酱鸭脖子，属于酱汁类食品。最早起源于清朝洞庭湖区的常德，经湖南流传至四川和湖北，近年来风靡中国。

鸭脖讲究凉吃，鸭脖肉为"活肉"，颇有嚼劲，肉啃完后，则吸吮骨节间的骨髓，"滋溜"一声，特别美味。喜欢吃辣的人可将骨头嚼碎，体验"唇齿留香"的悠长余味。

行走在武汉街上，"周黑鸭"和"精武鸭脖"的店面随处可见，两个品牌的鸭脖味道其实相差很大，周黑鸭偏甜，精武鸭脖偏辣，可以根据自己的口味来选择。

中华优秀传统文化·国际版·第五级

茶　叶

　　茶叶一般包括茶树的叶子和芽。茶叶源于中国，最早是被作为祭品使用的。从春秋后期开始，就被人们作为菜食，在西汉中期发展为药用，西汉后期才发展为宫廷高级饮料，普及民间作为普通饮料那是西晋以后的事。依据品种和制作方式以及产品外形，茶叶分成六大类，分别为：绿茶、红茶、白茶、黑茶、黄茶、青茶。依据季节采制可分为春茶、夏茶、秋茶、冬茶。茶叶中含有儿茶素、咖啡碱、肌醇、叶酸、泛酸等成分，可以增进人体健康。茶叶饮品——茶被誉为"世界三大饮料之一"。

　　我们在第四级附录里已经了解了许多中国名茶，你还记得哪些呢？

感恩

衔环报恩

古时候有个人叫杨宝，性情温和。在他 9 岁的时候，有一次他来到华阴山，看见一只黄雀被猫头鹰击伤后坠落在树下，一群蚂蚁将受伤的黄雀围困起来。杨宝急忙把黄雀救下，放在怀里。回家以后，杨宝把它放在屋梁上。夜里听到它的叫声很悲切，起来一看，原来黄雀是被蚊子叮咬了。于是杨宝把黄雀转移到放头巾的小箱子中，用黄花来喂养它。等过了十多天，黄雀羽毛长出来了，能飞翔了，早晨出去傍晚回来，睡在小箱中，这样过了很久。

忽然有一天，它带着一群黄雀来了，悲伤地鸣叫着绕着屋子飞，几天后才离去。这天夜里，杨宝正在读书，一个穿黄衣服的小童对他说："我是西王母的使者。以前出使蓬莱，被猫头鹰搏击，承蒙您救了我，现在我要接受赐封到南海去。"临别时，小童把四个玉环赠给了杨宝，说："您的子孙将来会清清白白，并且登上朝廷三公的高位，就像这些玉环一样。"说完就消失不见了。

后来，杨宝的仁孝传闻天下，名誉和地位日益显赫。他的儿子叫杨震，杨震生杨秉，杨秉生杨彪，四代都是著名的大臣。到杨震下葬时，有大鸟降临，人们都说这是杨宝的真孝感动了大地招来的大鸟。

衔环报恩出自《后汉书·杨震传》，后世还经常将"结草""衔环"合在一起，比喻感恩戴德，至死不忘。

中华优秀传统文化：国际版·第五级

经典诵读

名句积累

★ 三思而后行。

【译文】凡事都要再三思考，然后才能行动。

★ 子曰：“宁武子，邦有道，则知；邦无道，则愚。其知可及也，其愚不可及也。”

【译文】孔子说：“宁武子这个人在国家政治清明时，就很聪明；国家政治危乱时，则显得很愚笨。他的聪明别人可以达到，他的愚笨是别人达不到的。”

　　“愚不可及”这个成语就出自这句话，孔子是对宁武子持赞许态度的。只是，后世用这个成语形容人极端愚蠢，和它的原意已经不同了。

1.酱鸭脖子最有名的是哪个地方的？（　　）
A.北京　　　B.成都　　　C.昆明　　　D.武汉

2.饮茶的习俗最早起源于哪个国家？（　　　）
A.新加坡　　　B.日本　　　C.越南　　　D.中国

3.试着背一背这章的名句。

中华优秀传统文化·国际版·第五级

第十六章

国学知识

九州风物

哈密瓜

哈密瓜是新疆的特产，中国国家地理标志产品。它形态各异，瓜肉肥厚，清脆爽口。哈密瓜营养丰富，除了含有丰富的维生素，钾的含量也是最高的，钾对身体亦非常有益。

哈密瓜的品种非常丰富。按成熟期不同，分早熟、中熟和晚熟。早、中熟的称为夏瓜，晚熟的称为冬瓜。早熟品种的特点是皮薄肉细，香味浓郁。中熟品种主要肉厚细腻、清香爽口。晚熟品种的特点是储藏后肉质由脆硬逐渐变得绵软多汁、甜爽醇香。

哈密瓜香甜可口、营养丰富，在东汉永平年间就成为进贡的异瓜种了。到了清代，因受康熙皇帝赏赐而得名哈密瓜。

中华优秀传统文化：国际版·第五级

枸　杞

枸杞，又称枸杞子、红耳坠。枸杞药食同源的历史悠久，是驰名中外的名贵中药材，早在《神农本草经》中就被列为上品，有延衰抗老的功效，又名"却老子"。枸杞中含有多种氨基酸，并含有甜菜碱、玉蜀黍黄素、酸浆果红素等特殊营养成分，具有非常好的保健功效。枸杞性质比较温和，配合菊花和茶有清肝明目的效果，更适于用眼过度者及老人。但若进食过多，毫无节制，也会令人上火。

　　枸杞在人体的保健方面有着重要的意义，是人们喜爱的果实。

　　宁夏是中国枸杞的主要产地，其中又以宁夏中宁县出产的枸杞质量尤佳。除了宁夏，甘肃、新疆也产枸杞。

中华优秀传统文化·国际版·第五级

士为知己者死

春秋末期，晋国有个叫豫让的著名刺客，曾经对他有知遇之恩的智伯被赵襄子所杀，他认为"士为知己者死，女为悦己者容"，决心刺杀赵襄子，为智伯报仇。第一次攻击失败以后，他把自己全身涂漆，使身体溃烂，吞炭弄哑声音，残身苦形，连他的妻子都不认识他了。之后，他寻找接近赵襄子的时机。第二次行刺仍以失败告终，被捕的时候，他说："明主不掩人之美，忠臣有死名之义。"他请求赵襄子借衣服让他砍一刀。赵襄子非常敬佩豫让的行为，决定成全他，脱下了贵族的华服。豫让拔剑砍了赵襄子的衣服，然后拔剑自杀了。

中华优秀传统文化：国际版·第五级

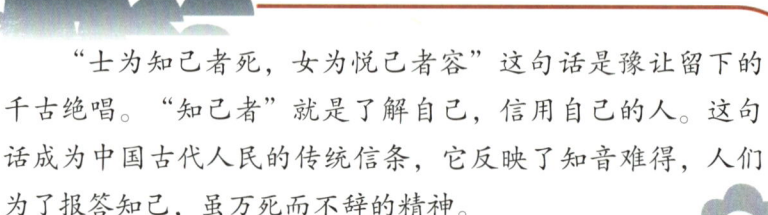

"士为知己者死，女为悦己者容"这句话是豫让留下的千古绝唱。"知己者"就是了解自己，信用自己的人。这句话成为中国古代人民的传统信条，它反映了知音难得，人们为了报答知己，虽万死而不辞的精神。

70

★子曰："贤哉，回也！一箪食，一瓢饮，在陋巷，人不堪其忧，回也不改其乐。贤哉，回也！"

【译文】孔子说："颜回多么有修养啊，一箪饭，一瓢水，住在简陋的小巷子里，别人都受不了这种困苦，可他依旧快乐！颜回多么有修养啊！"

★子曰："质胜文则野，文胜质则史。文质彬彬，然后君子。"

【译文】孔子说："一个人内在的质朴胜过外在的文采就会显得粗野，外在的文采胜过内在的质朴就未免浮夸。只有文采和质朴配合恰当，这才是君子。"

"文质彬彬"这个成语就出自这句话。这个成语原形容一个人既文雅又朴实，后形容一个人举止文雅有礼貌。

通关检测

1.哈密瓜是中国哪个地方的特产？（　　）

A.新疆　　B.西藏　　C.岭南　　D.东北

2.下列哪个地方不是枸杞的重要产地？（　　）

A.宁夏　　B.甘肃　　C.新疆　　D.成都

3.试着背一背这章的名句。

附录
中国传统文化小知识 汇总

帝王陵墓
Imperial mausoleums

黄陵一望中
——黄帝陵

黄帝陵是中华民族的始祖——轩辕黄帝的衣冠冢，位于陕西省延安市黄陵县城北桥山，号称"天下第一陵"。相传黄帝乘龙升天，人们为了纪念他，就将他留下的遗物建成衣冠冢。陵内的古柏群，是中国最古老、覆盖面积最大、保存最完整的古柏群，其中最有名的是"黄帝手植柏"，距今5000余年，是世界上最古老的柏树，被誉为"世界柏树之父"和"世界柏树之冠"。

古墓成苍岭 幽宫象紫台
——秦始皇陵

秦始皇陵是中国历史上第一位皇帝嬴政的陵寝，位于陕西省西安市临潼区城东5千米处的骊山北麓。秦陵四周分布着大量形制不同、内涵各异的陪葬坑和墓葬，举世闻名的"世界第八大奇迹"兵马俑坑只是其中一个。秦始皇陵陵冢呈覆斗形，现高51米，底边周长1700余米，是世界上规模最大、结构最奇特、内涵最丰富的帝王陵墓之一。

茂陵松柏雨萧萧

——茂陵

茂陵位于陕西省咸阳市兴平市东北，是汉武帝刘彻的陵寝，是汉代帝王陵墓中规模最大、修造时间最长、陪葬品最丰富的一座，被称为"中国的金字塔"。其历时53年修建而成，已探明的从葬坑就达400多处，其中有李夫人、卫青、霍去病、霍光等人的墓葬。陵体高大，在西汉11座皇帝陵中独树一帜。

唐太宗之墓

——昭陵

昭陵是唐太宗李世民与文德皇后长孙氏的合葬陵墓，位于陕西省咸阳市礼泉县烟霞镇九嵕山的主峰上。昭陵建设持续了107年之久，规模巨大，是唐代具有代表性的一座帝王陵墓，被誉为"天下名陵"。昭陵祭坛东西两庑房内置有六匹石刻骏马浮雕像，即著名的"昭陵六骏"，是大画家阎立本所绘，工艺家阎立德依画雕刻。后在民国初年，"昭陵六骏"被盗。现存两骏在美国纽约，四骏在西安碑林博物馆。

中华优秀传统文化·国际版·第五级

C城市别称
ity nicknames

哈尔滨

——冰城

黑龙江省省会哈尔滨别称"冰城",这里冬季气候严寒,冰封期长,室外一片冰雪世界,屋檐树枝冰晶倒挂,构成了特殊的冰雪景观。

吐鲁番

——火州

"火州"是中国新疆维吾尔自治区辖地级市吐鲁番的别称,因气候炎热而得名。吐鲁番夏季极端高气温为49.6℃,地表温度多在70℃以上,有过82.3℃的纪录。当地有"沙窝里烤熟鸡蛋"之说。

昆　明

——春城

中国昆明夏无酷暑,冬无严寒,四季如春,被誉为"春城"。这里鲜花常年不谢,草木四季常青,因此,昆明又有"花城"的美誉。

西　宁

——夏都

中国青海省省会西宁市位于祁连山地南部的一个凹陷盆地内,夏天的西宁清风习习、凉爽宜人,是名副其实的天然消夏避暑之都,因而被称为"夏都"。

拉　萨

——日光城

拉萨是中国西藏自治区首府城市，全年日照时间在 3000 小时以上，故有"日光城"之称。

雅　安

——雨城

中国四川的雅安市市中区被称为"雨城"。这里年均降雨日达 218 天，年均降水量 1800 毫米左右，自古便有"华西雨屏""雅州天漏"之称。

西　昌

——月城

中国四川省凉山彝族自治州首府西昌因月色美妙，有"月城"之称。这里的月亮又大又明，月色纯净明亮，美不胜收。古人曾以"月出邛池水，空明澈九霄"的佳句来赞赏西昌的邛海月。

重　庆

——山城

重庆又叫山城，因为这里山特别多，整个城市依山而建，道路高低不平，建筑错落有致，市内有很多高架桥。有歌为凭："山高路不平，好个重庆城。"

泉　州

——鲤城

福建泉州，因为古城的轮廓好像一条鲤鱼，故而别称"鲤城"。

中华优秀传统文化：国际版·第五级

青　岛

——岛城

青岛是中国北方最年轻的滨海城市之一，被称为"岛城"。青岛之所以被称为岛城，不是因为岛多，而是因为其地形是半岛。青岛一半在海中，一半接陆地，是名副其实的半岛。

柳　州

——壶城

广西柳州有一条江，叫柳江，柳江如带，绕着柳州市区奔流。柳州城的北岸城中心三面环水，形成一个巨大的"U"字，使柳州市区形成了一个壶形的半岛。因此，柳州又被称为"壶城"。有诗云："三江四合，抱城如壶"，说的就是柳州。这里还是壮族歌仙刘三姐的传歌圣地呢。

武　汉

——江　城

武汉是中国的国家历史文化名城，中国南方军事、商贸重镇。武汉还有很多大大小小的湖泊，城中有江，江中有城，所以被称为"江城"。

济　南

——泉城

山东济南的别称是"泉城"，以泉水众多闻名。据统计，整个济南有700多眼天然泉。

龙城飞将

——卫青

有一句唐诗叫"但使龙城飞将在，不教胡马度阴山"，这里的"龙城"指的是西汉时期在龙城战胜匈奴的卫青将军。他有非凡的军事才能，七次率领大军征伐匈奴，七战七捷，终于把匈奴的势力驱逐出大沙漠地区，解除了持续几百年的北方边患。卫青命运坎坷，是私生子出身，做过马夫，后被封为长平侯，建立了不世功勋。

精忠报国

——岳飞

岳飞是南宋的名将，他的后背被其母亲刺有"精忠报国"四个字。他具有杰出的军事才能，是著名的抗金名将，他的部队被称为"岳家军"，令金兵闻风丧胆。后被奸臣陷害，在他的衣冠冢前，有这样一副对联：青山有幸埋忠骨，白铁无辜铸佞臣。岳飞还具有非凡的文学才华，他是豪放派词人的代表人物，其词作《满江红》是宋词中的代表作。

抗倭名将

——戚继光

明朝将领戚继光是中国历史上伟大的民族英雄，他在东南沿海抗击倭寇十余年，扫平倭患。后又在北方抗击蒙古部族内犯十余年，保卫了北疆安全，促进了民族和平发展。此外，他还是一位杰出的兵器专家和军事工程家，写下了许多军事著作。福州人民为了纪念他，至今还有吃鼎边糊的习俗。

A古代美女
ncient beauties

珍珠化身
——西　施

位列中国古代四大美女之首的是西施。相传西施还是珍珠的化身。传说西施本是月宫中嫦娥的掌上明珠，常常被嫦娥捧在掌中把玩，平时则由五彩金鸡日夜守护。后来不慎落入人间，转世为一个光华美丽的女孩，取名为西施。沉鱼落雁的"沉鱼"就是在说鱼儿见了她的美都会忘记游水，沉于水底，西施的美可见一斑。

昭君出塞
——王昭君

有"落雁"之称的美女就是汉朝时期的王昭君，昭君是她的字，她名叫王嫱。为了国家安定，昭君远嫁匈奴，在路上，南飞的大雁因她的美貌忘记了摆动翅膀，纷纷跌落于平沙之上，"落雁"便由此成为王昭君的雅称。昭君死后其墓又称"青冢"，"青冢"一词，杜诗对其注解曰：北地草皆白，唯独昭君墓上草青，故名青冢。

闭月之貌

——貂 蝉

东汉末年的貂蝉也是中国古代四大美女之一。相传貂蝉在后花园拜月时，一块浮云将皎洁的明月遮住了。貂蝉的义父王允瞧见，为宣扬女儿的美貌，逢人就说："我的女儿和月亮比美，月亮都比不过，赶紧躲在云彩后面去了。"因此，人们称貂蝉"闭月"。后来，王允为了除掉奸臣董卓，先是暗地里把貂蝉许给吕布，又将貂蝉献给董卓做妾，最后吕布成功杀掉了奸臣董卓。

羞花舞者

——杨玉环

唐朝的杨贵妃名叫杨玉环，她也是中国古代四大美女之一。传说她初入宫时，因见不到君王而终日愁眉不展。有一次，她和宫女们一起到宫苑赏花，无意中碰着了含羞草，草的叶子立即卷了起来。宫女们都说这是杨玉环的美貌使花草自惭形秽，羞得抬不起头来。唐玄宗听说宫中有个"羞花的美人"，立即召见，封为贵妃。从此以后，"羞花"也就成了杨贵妃的雅称。

中华优秀传统文化：国际版·第五级

古代才女
Ancient talented women

咏絮之才
——谢道韫

东晋宰相谢安在一个雪天举行家庭聚会，他指着洋洋洒洒的雪花问侄儿侄女们："白雪纷纷扬扬像什么？"侄儿谢朗立即答道："撒盐空中差可拟。"而谢道韫则回答："未若柳絮因风起。"谢安听后十分高兴，从此，谢道韫就有了"咏絮之才"的美名。后来，人们就用"咏絮之才"形容有才华的女子。

文姬归汉
——蔡文姬

蔡文姬是东汉文学家蔡邕之女，她从小博学多才，擅长文学、音乐、书法。南匈奴入侵时，蔡文姬被匈奴左贤王俘虏到塞外，在塞外度过了 12 个春秋，但她无时无刻不在思念故乡。曹操平定了中原，派使节用重金赎回文姬。她写下了著名的长诗《胡笳十八拍》，表达了思念故乡而又不忍骨肉分离的极端矛盾的痛苦心情。

琴瑟和鸣

——李清照

宋朝时候的李清照是中国古代四大才女之一，是宋词婉约派的代表人物。她早年生活舒适安逸，嫁给丈夫赵明诚后，两人琴瑟和鸣。夫妻俩常常一起写词，有时还玩一种小游戏，叫作赌书。可惜后来发生靖康之乱，赵明诚在逃亡的路上生病死了，这使李清照后半生的生活特别凄苦，后半生的作品与前半生截然相反，哀婉悲戚、愁绪绵绵。

为兄请命

——班　昭

班昭是东汉著名的才女，她的哥哥班固著写《汉书》未完成就谢世了，班昭就接着将《汉书》续写完成，成为有名的史学家。班昭与她的哥哥班固、父亲班彪合称"三班"。班昭的另一个哥哥班超久居偏远的异地，年迈思念故土，上书朝廷请求回国，汉和帝迟迟没有同意。后来，妹妹班昭给汉和帝写了一封信，打动了汉和帝，就让班超从西域归汉。

中华优秀传统文化：国际版·第五级

F 四大名著
Four great classical novels

始于神话　归为现实
——《红楼梦》

清代作家曹雪芹所写的小说《红楼梦》又名《石头记》，讲述的是女娲补天时遗留的石头化身为美玉，跟随贾宝玉进入繁华的人世间游历的故事。这块美玉见证了贾宝玉、林黛玉爱情的故事，也见证了贾、史、王、薛四大家族，特别是贾家荣、宁二府由盛到衰的过程。《红楼梦》是一部具有世界影响力的人情小说，也是举世公认的中国古典小说巅峰之作，被誉为中国四大名著之一。

四海之内皆兄弟
——《水浒传》

《水浒传》是产生于元末明初的章回体长篇小说，是中国四大名著之一。作者施耐庵在书中塑造了108个聚集江湖、仗义行侠的绿林好汉。这些英雄好汉几乎人人有绰号，这些绰号看上去通俗易懂，却另有学问。每个人有每个人的语言，通过这些语言，人物的迥异性格被刻画得惟妙惟肖、栩栩如生。

青山依旧在　几度夕阳红
——《三国演义》

《三国演义》是中国古典四大名著之一，作者是元末明初小说家罗贯中。《三国演义》全书可大致分为黄巾起义、董卓之乱、群雄逐鹿、三国鼎立、三国归晋五大部分。书中的人物个性鲜明，包含许多计谋计策。很多成语典故、谚语、歇后语、有趣的故事都与这部书有关。比如"煮酒论英雄"讲的就是曹操和刘备的故事。

成长的故事
——《西游记》

《西游记》是中国古典四大名著之一，是由明代小说家吴承恩所创作的中国古代第一部浪漫主义的长篇神魔小说。这本书主要描写了唐朝太宗贞观年间，孙悟空、猪八戒、沙僧、白龙马四弟子保护唐僧西行取经，沿途历经九九八十一难，一路降妖伏魔，化险为夷，最后到达西天，取得真经的故事。孙悟空是全书中最光辉的形象，"大闹天宫"突出了他热爱自由、勇于反抗的精神。"西天取经"的整个过程表现了他见恶必除、除恶务尽的精神。

旗袍之韵

旗袍原指中国清代的旗人之袍，是贵族的衣饰。现代意义的旗袍，诞生于 20 世纪初叶，盛行于三四十年代。当时，上海是上流名媛的福地，旗袍非常流行，慢慢地，出现了"改良旗袍"。现代的旗袍能显现玲珑突兀的女性曲线美，因此最终成为女性追逐的服饰，旗袍也被视为中华民族的象征之一。

木 屐

中国木屐的历史源远流长，李白《梦游天姥吟留别》诗中的"谢公屐"指的就是南朝诗人谢灵运发明的一种活齿木屐。中国春秋战国时期，穿木屐者日益普遍。汉代男女皆以穿木屐为风尚。东汉时洛阳新娘出嫁，嫁妆中必备木屐。宋朝的叶绍翁还写过"应怜屐齿印苍苔，小扣柴扉久不开"的诗句，可见木屐在宋朝也是特别流行的。

玉 佩

玉佩是指佩戴于人身的各种玉器，是佩戴在身上的中国文化。其个体较小，大多有可穿线的孔洞。佩玉的种类较多，上起帽檐前饰，中至玉腰牌、玉挂件，下至玉鞋扣等。古人对玉佩的热爱源于走起路来，佩玉者认为玉石相撞发出的叮咚之声可以提醒自己行止必须从容适度。

香　囊

香囊一般以锦制作，又称锦囊或锦香袋、香包等，一般系于腰间或肘后之下的腰带上，有的也系于床帐或车辇上。由于香囊所含的奇特香料多来自外国的贡品，朝廷还把香囊作为赏赐之物。古时佩戴香囊之俗也在民间盛行，异性之间赠送香囊就有表示爱慕之情的意思，所以它还有定情之物的说法。

素纱禅衣

古代有许多著名的服饰，其中素纱禅衣最为神奇：缥缈如雾若有无。素纱禅衣出土于马王堆汉墓，此衣面料为素纱，无颜色，没有衬里。如果除去袖口和领口，禅衣的重量只有 25 克左右，折叠后甚至可以放入火柴盒中，可谓"薄如蝉翼""轻若烟雾"。素纱禅衣是存世年代最早、保存最完整、制作工艺最精、最轻薄的一件衣服。

金镂玉衣

金缕玉衣是中国汉代皇帝和贵族的殓服，是汉代规格最高的丧葬殓服。汉代人认为玉是"山岳精英"，将金玉置于人的九窍，人的精气不会外泄，就能使尸骨不腐，可求来世再生。中国出土的金镂玉衣中，满城西汉刘胜和窦绾夫妇汉墓出土的两套金缕玉衣最为完整，形状如人体。其中，刘胜的玉衣共用玉片 2498 片，金丝重1100 克；窦绾的玉衣共用玉片 2160 片，金丝重 700 克。制作这两件玉衣所耗费的人力和物力是十分惊人的。

中华优秀传统文化：国际版·第五级